LES EAUX

DES

ÉGOUTS DE PARIS

ET LA

FORÊT DE SAINT-GERMAIN

PRIX : 1 FRANC.

SE TROUVE :

A PARIS

IMPRIMERIE ET LIBRAIRIE CENTRALES DES CHEMINS DE FER

A. CHAIX ET Cie

RUE BERGÈRE, 20, PRÈS DU BOULEVARD MONTMARTRE

A SAINT-GERMAIN-EN-LAYE

Chez M. LANCELIN, libraire, rue de Paris, 27.

LES EAUX

DES

ÉGOUTS DE PARIS

ET LA

FORÊT DE SAINT-GERMAIN

LES EAUX

DES

ÉGOUTS DE PARIS

ET LA

FORÊT DE SAINT-GERMAIN

Par Ch. DUVERDY

(Extraits de la Gazette des Tribunaux.)

SE TROUVE :

A PARIS

IMPRIMERIE ET LIBRAIRIE CENTRALES DES CHEMINS DE FER

A. CHAIX ET Cie

RUE BERGÈRE, 20, PRÈS DU BOULEVARD MONTMARTRE

A SAINT-GERMAIN-EN-LAYE

Chez **M. LANCELIN**, libraire, rue de Paris, 27.

LES EAUX

DES

ÉGOUTS DE PARIS

ET LA

FORÊT DE SAINT-GERMAIN

I.

(Extrait de la Gazette des Tribunaux du 19 Juillet 1876.)

Les eaux des égouts de la Ville de Paris sont, en ce moment, en partie déversées dans la Seine à Asnières, et, en partie employées en irrigation dans la presqu'île de Gennevilliers.

Pour éviter l'infection des eaux de la Seine, qui est le résultat du déversement de l'égout collecteur, les ingénieurs de la Ville ont conçu le projet de chercher, au delà de Gennevilliers, des terres sur lesquelles on pourrait répandre les eaux d'égout, en les faisant absorber par des rigoles d'irrigation. Ils ont choisi à cet effet le territoire de Nanterre, une partie de la presqu'île du Vésinet et en dernier lieu la forêt de Saint-Germain.

Une enquête a été ouverte sur ce projet dans le département de Seine-et-Oise ; et une commission spéciale a été chargée d'étudier le projet et les résultats de l'enquête.

Il n'est pas besoin de dire que les populations, menacées de voir leurs territoires immergés par les eaux des égouts de Paris, ont protesté en masse et énergiquement dans l'enquête contre le projet des ingénieurs.

Le point sur lequel a porté l'enquête est l'utilité publique ; car, il faudrait que l'utilité publique fût déclarée pour que l'on pût obliger les communes désignées au projet, à laisser passer sur leurs territoires, routes ou chemins, les canaux des eaux d'égout.

C'est l'enquête du titre 1er de la loi du 3 mai 1841 à laquelle on procède.

Cette loi peut-elle être invoquée pour permettre l'installation d'un établissement insalubre ? Son article 3 parle de grands travaux publics, tels que routes, canaux, chemins de fer, canalisation des rivières, bassins et docks. Mais il n'a pas prévu qu'on pourrait avoir recours à la mesure de l'expropriation pour créer des établissements, classés par la législation comme insalubres.

Or, aux termes du décret du 31 décembre 1866, les dépôts d'engrais non préparés provenant de vidanges sont rangés dans la première classe des établissements dangereux, incommodes et insalubres. Les terrains sur lesquels on déverse tous les jours, à air libre, sous prétexte d'irrigation, une quantité énorme d'eau d'égout contenant des matières provenant de vidanges rentrent évidemment dans cette catégorie.

En ce moment, à Paris, il y a dix mille fosses d'aisances qui se vident directement dans les égouts. D'après la statistique, il existe à Paris deux cent quarante mille fosses ; lorsqu'elles seront toutes en communication directe avec les égouts, les eaux que l'on veut affecter aux irrigations seront autrement insalubres que celles que l'on déverse aujourd'hui à Gennevilliers, et les terres, sur lesquelles on les répandrait, constitueraient incontestablement de véritables dépôts d'engrais non préparés.

Le projet, qui a pour but de répandre sur une grande étendue de terres, dépendant de localités très-peuplées, des eaux aussi infectes que celles des égouts de Paris, et de créer, dans la forêt de Saint-Germain « un vaste régulateur », suivant l'expression des ingénieurs, produirait donc pour le voisinage, s'il était exécuté, tous les mêmes inconvénients que les dépôts d'engrais provenant de vidanges.

Est-ce que les populations menacées par ce projet ne seraient pas fondées à soutenir que la loi du 3 mai 1841 ne peut pas être employée contre elles, pour permettre l'exécution de travaux qui auraient tous les inconvénients d'un établissement insalubre de première classe ?

A côté de cette considération de droit, on peut invoquer des raisons de fait très-puissantes, pour combattre la déclaration d'utilité publique que sollicitent les ingénieurs de la Ville de Paris.

Les ingénieurs, nous le savons, contestent que ce système d'irrigation qu'ils proposent d'appliquer doive porter l'insalubrité dans les communes où ils établiraient leurs rigoles. C'est là une pure allégation de leur part; et l'expérience est loin d'avoir démontré l'innocuité de leur système.

En effet, la Ville de Paris a passé, le 16 juillet 1873, avec la commune de Gennevilliers un traité, par lequel cette commune l'a autorisée à se servir de ses digues et chemins, à titre purement provisoire, pour faciliter, mais à titre d'essai seulement, les expériences entreprises par la Ville de Paris, pour l'utilisation des eaux d'égouts. Ce traité était fait pour dix ans; mais la commune de Gennevilliers avait stipulé la faculté de faire cesser l'essai dans le cas où l'insalubrité et l'incommodité desdites eaux viendraient à être reconnues.

Le traité est du 16 juillet 1873. Moins de dix-huit mois après le commencement des expériences, ayant pour but de livrer aux maraîchers les eaux d'égout, le conseil municipal de Gennevilliers a pris une délibération pour charger le maire de dénoncer le traité à raison de l'insalubrité qui résultait, pour les habitants de la commune, des irrigations faites sur une large échelle avec de pareilles eaux. Et le traité a été dénoncé le 17 février 1875. La Ville de Paris, contestant que l'insalubrité et l'incommodité eussent été reconnues, a refusé de cesser ses expériences, de sorte que la commune de Gennevilliers l'a assignée devant le Conseil de préfecture pour la faire condamner à enlever ses tuyaux. L'affaire n'est pas encore jugée.

Est-il admissible, en de semblables circonstances, que l'on veuille étendre à d'autres communes, un système d'irrigation aussi contesté que celui dont le conseil municipal de Gennevilliers demande la suppression?

Il ne s'agit pas de dire : l'expérience est faite, parce qu'avec un engrais d'une puissance incontestable on a fait pousser de gros choux et de belles carottes. Il s'agit de démontrer que le fait de répandre chaque jour sur la même terre une quantité énorme d'eaux d'égouts ne produit aucun inconvénient pour le voisinage et n'y développe pas une insalubrité funeste pour les habitants.

La démonstration est-elle faite? Non, certes, puisque la commune de Gennevilliers, par l'organe de ses représentants légaux, déclare que les avantages, que les irrigations procurent à quelques maraîchers, doivent céder devant l'intérêt de la santé publique gravement compromise par ces irrigations. De nombreux cas de fièvres paludéennes ont été constatés dans la presqu'île depuis que les irrigations ont été largement pratiquées pour les cultures maraîchères.

Nous ne savons quel sera le sort du procès pendant devant le Conseil de préfecture. Mais supposons, — ce qui pourrait bien arriver, — que les allégations de la commune de Gennevilliers soient justifiées, et que l'insalubrité du système soit reconnue. Pourrait-on alors déclarer d'utilité publique, sur le territoire d'autres communes, un mode d'irrigation reconnu funeste dans la commune qui avait consenti à en faire l'essai chez elle.

Avant de soumettre à l'enquête du titre 1er de la loi du 3 mai 1841 le projet actuel, est-ce qu'il n'aurait pas fallu attendre qu'il eût été statué sur les réclamations de Gennevilliers ?

Si les ingénieurs de la Ville de Paris persistaient à vouloir, dans de telles conditions, obtenir pour leur projet une déclaration d'utilité publique, nous aimons à espérer que le pouvoir législatif n'accueillerait pas un système dont l'application devrait porter la ruine et la maladie dans une vaste et riche région du département de Seine-et-Oise.

D'ailleurs, l'Assemblée nationale, qui, par voie de pétition, avait été saisie des réclamations des habitants de Gennevilliers, avait reconnu que, dans cette question de l'emploi de l'eau des égouts de Paris pour les cultures maraîchères, se trouvaient engagés des intérêts généraux qui avaient droit à la protection de l'administration supérieure, et la pétition avait été renvoyée aux Ministres de l'intérieur et des travaux publics. Ce renvoi signifiait que les intérêts des communes voisines de Paris ne devaient pas être sacrifiés aux convenances de cette ville.

Les ingénieurs ont-ils démontré que leur système ne

nuirait pas aux communes où ils voudraient porter leurs irrigations ? Ils sont loin d'avoir fait cette démonstration.

Les essais des cinq dernières années ont déjà développé des fièvres intermittentes à Gennevilliers. Qu'arriverait-il en cas d'épidémie cholérique ? Nous avons eu assez d'épidémies de ce genre, depuis le commencement de ce siècle, pour qu'on puisse en prévoir le retour. Le devoir d'une administration intelligente n'est pas de prendre des mesures contre une épidémie au moment où elle éclate; elle doit surtout éviter tout ce qui pourrait en favoriser le développement. Il paraît démontré aujourd'hui, pour la science, que c'est par les déjections des cholériques et par les émanations qu'elles produisent que le choléra se propage et se transmet. Si une épidémie venait à éclater, que deviendraient les populations dont on irriguerait tous les jours les terres avec des eaux contenant en suspension ou en dissolution les matières provenant des fosses de Paris ? Ce serait la maladie et la mort répandues sur un vaste périmètre. Et la ville de Paris souffrirait elle-même du foyer d'infection qu'elle aurait établi dans son voisinage. Car les communes où les ingénieurs veulent conduire leurs eaux sont situées à l'ouest de Paris : le vent d'ouest est le vent le plus fréquent dans nos climats, et il ramènerait sur Paris les émanations des terrains irrigués.

Serait-il prudent de déclarer l'utilité publique d'un projet qui pourrait produire de semblables résultats?

Ce projet soulèverait d'ailleurs des difficultés d'exécution infinies. En effet, du côté de Nanterre, de Bezons, de Sartrouville et de Montesson, la terre est extrêmement divisée. Les parcelles d'un hectare et même d'un demi-hectare sont extrêmement rares. Il y a un nombre considérable de pièces de terre enclavées. Comment pourrait-on alors établir des rigoles d'irrigation ? La loi du 29 avril 1845 ne pourrait pas être invoquée, car elle n'a prévu que l'emploi d'une eau pure, et elle n'a pas été faite pour les engrais. La question, si nous ne nous trompons, a déjà été jugée en ce sens par le Tribunal civil de la Seine.

L'emploi des eaux d'égout ne peut se faire sur une large échelle que pour la culture maraîchère. Pour les céréales, les pommes de terre et les vignes, on ne pourrait les employer qu'une fois par an, et comme la Ville de Paris doit se débarrasser chaque jour d'une énorme quantité d'eau, les cultures dont nous parlons ne lui seraient d'aucun secours. Or on ne pourrait pas convertir en cultures maraîchères tout le vaste périmètre désigné au projet.

D'ailleurs, au bout d'un certain temps, les terres irriguées s'encrasseraient comme tous les filtres, et elles perdraient leur pouvoir absorbant ; et alors on aurait décrété l'utilité publique pour un système dont l'application ne pouvait être que provisoire.

Les ingénieurs prétendent que les plantes, se nourrissant des matières organiques contenues dans les eaux d'égouts, le filtre se trouverait chaque jour nettoyé par l'effet de la végétation. Ce sont là de beaux raisonnements, mais l'expérience n'en a pas encore démontré l'exactitude. Au contraire, il est constant qu'à Gennevilliers, le déversement constant des eaux dans les rigoles d'irrigation a saturé même le tréfonds du sol, et aujourd'hui les propriétés absorbantes du terrain ont disparu à ce point que la nappe d'eau s'y est élevée d'une façon fort sensible et que, par la sécheresse actuelle, les caves des maisons sont envahies par l'eau.

Et c'est lorsque les essais de Gennevilliers donnent de tels résultats qu'on voudrait étendre le système à d'autres communes !

La Ville de Paris se propose de dépenser des sommes énormes pour s'embellir, pour des dépenses voluptuaires. Le percement de l'avenue de l'Opéra a certainement ce caractère. Ce sont des dépenses que tous approuvent. Mais la Ville ne pourrait-elle pas employer aussi les ressources de son crédit pour entreprendre une œuvre de nécessité, qui serait la construction d'un canal couvert conduisant les eaux de ses égouts à la mer? C'est la seule solution pratique ; il faudra y arriver forcément quelque jour. Ne vaudrait-il pas mieux l'entreprendre immédiatement plutôt que de dépenser de grosses sommes dans des essais qui ne seront que des palliatifs momentanés?

II

(**Extrait de la Gazette des Tribunaux du 12 février 1877.**)

La préfecture de la Seine vient de publier le rapport de la commission d'enquête, chargée de donner son avis sur le projet qui consiste à répandre les eaux des égouts de Paris dans la presqu'île de Nanterre, dans celle du Vésinet, et dans une partie de la forêt de Saint-Germain.

D'après ce projet il s'agirait d'appliquer à 6,000 hectares de terrain le système d'irrigation essayé en ce moment sur 200 hectares dans la presqu'île de Gennevilliers. Ce serait surtout sur les terroirs de plusieurs communes du département de Seine-et-Oise, que la Ville de Paris se proposerait de déverser ses eaux d'égout.

Une enquête a été ouverte à Versailles sur le projet. Le résultat de l'enquête a été, nous le savons, de constater, de la part de tous les Conseils municipaux et des populations, une opposition formidable contre le projet des ingénieurs du service municipal de Paris.

Un remarquable rapport a été fait par M. Hély-d'Oissel, au nom de la commission d'enquête de Seine-et-Oise; il conclut au rejet du projet.

C'est à peine si la commission d'enquête du départe-ment de la Seine a mentionné cette opposition des popu-lations de Seine-et-Oise. Elle se borne à dire, avec une sorte de dédain, qu'elle n'a pas à discuter les observa-tions consignées à l'enquête poursuivie dans le départe-ment de Seine-et-Oise. Ce sont les populations de ce dé-partement qui sont le plus menacées par le projet, et on ne daigne ni examiner, ni discuter leurs dires et leurs doléances!

On peut donc affirmer que la commission d'enquête, qui a fonctionné dans le département de la Seine, n'a envisagé la question que sous le point de vue de l'intérêt de la Ville de Paris.

Dans de pareilles conditions, il faut que le public ré-serve son opinion jusqu'à ce qu'on lui fasse connaître les documents de l'enquête poursuivie à Versailles. La Ville de Paris a pris les devants par la publication des travaux qui ont été rédigés sous son inspiration. Le dé-partement de Seine-et-Oise doit aussi publier, de son côté, les documents de l'enquête qui a été faite auprès de ses populations, et le rapport qui a été adressé à son Con-seil général (1).

Quant à présent, nous ne pouvons qu'apprécier les pu-blications de la Ville de Paris.

---

(1) L'administration du département de Seine-et-Oise manquerait au devoir de protection qui lui incombe vis-à-vis des habitants des communes menacées, si elle ne publiait pas les documents qui sont entre ses mains. Il faut que les observations présentées dans l'enquête, que les délibérations des Conseils municipaux et que le rapport de M. Hély-d'Oissel soient livrés à la publicité. Sans quoi, l'Administration de Seine-et-Oise pourrait être accusée de n'avoir pas souci des intérêts des habitants du département.

Nous avons lu avec le plus grand soin le rapport de la commission d'enquête nommée par M. le préfet de la Seine, et nous avons été confondus de voir la commission conclure à l'adoption du projet, après les constatations qu'elle a faites au cours de ses études.

Depuis que les essais d'irrigation, entrepris à Gennevilliers d'abord sur une toute petite échelle, ont été étendus ensuite à 200 hectares, la majeure partie des habitants de cette commune a élevé des plaintes très-vives contre la déversion sur son territoire des eaux d'égout.

Ces plaintes se fondaient sur deux faits que signalait surtout la commune de Gennevilliers.

Elle disait : — 1° que l'abondance des irrigations avait élevé le plan de la nappe d'eau souterraine et avait rapproché cette nappe d'eau de la surface du sol ; — 2° que depuis l'extension des irrigations, c'est-à-dire depuis 1873, les fièvres paludéennes avaient envahi la commune.

La commission d'enquête avait à rechercher si ces deux faits étaient exacts.

Quelles ont été les constatations de la commission?

1° Elle a constaté qu'en effet, au moment où elle a visité la presqu'île de Gennevilliers, en 1876, il y avait une surélévation de la nappe d'eau d'environ 2 mètres.

2° Elle a constaté que, depuis 1873, la fièvre paludéenne avait envahi Gennevilliers. On lit, en effet, dans le rapport de la commission les passages suivants :

« La commission a recueilli, dans les mémoires écrits et
» dans les dépositions verbales de plusieurs médecins,
» des témoignages qui ne laissent aucune place au doute :
» LA FIÈVRE PALUDÉENNE A RÉELLEMENT PRIS, DEPUIS 1873,
» DANS LE VILLAGE DE GENNEVILLIERS, UN CERTAIN DÉVELOP-
» MENT. » (Page 61.)

Et plus loin :

« ... L'essentiel était de constater si la fièvre palu-

» déenne s'est réellement développée à Gennevilliers de-
» puis 1873, et, sur ce point, *les affirmations de tous les*
» *médecins qui ont déposé dans l'enquête sont unanimes.* »
(Page 62.)

Et c'est ce système d'irrigation qui, appliqué dans des proportions très-restreintes sur 200 hectares seulement, a donné de pareils résultats, que l'on propose de générali-ser et d'étendre à de nombreuses communes, sur 28 ou 30 kilomètres de longueur, dans la vallée de la Seine, depuis Paris jusqu'à Poissy !

Lors des premières plaintes de la commune de Genne-villiers, les ingénieurs de la ville de Paris avait d'abord nié que leurs irrigations eussent produit une surélévation de la nappe d'eau souterraine. Aujourd'hui, le fait ne peut plus être contesté. La nappe d'eau est surélevée de deux mètres. Les ingénieurs n'éprouvent aucun embarras en présence de ce fait. Comme ils ne peuvent pas s'être trompés, et comme l'application de leur système ne peut pas produire des conséquences qui devraient le faire con-damner, ils contestent que la surélévation de la nappe d'eau soit causée par les irrigations. Ils attribuent cette surélévation constatée en 1876, à ce qu'en 1868, le ser-vice de la navigation aurait relevé de 1 mètre le barrage de Bezons. Si le relèvement de ce barrage avait exercé une certaine influence sur la nappe d'eau souterraine, il n'aurait pu, en tous cas, en amener la surélévation que dans les limites du travail exécuté à Bezons. Le barrage étant exhaussé de 1 mètre, on pourrait comprendre qu'il en fût résulté une surélévation de 1 mètre pour la nappe d'eau. Mais la surélévation étant de 2 mètres ne peut pas avoir cette cause.

Il fallait trouver une autre explication ; il y en avait une toute simple. Elle se trouvait dans les irrigations.

N'est-il pas tout naturel que le déversement, sous

forme d'irrigations, de 50,000 mètres cubes d'eau par hectare et par an, c'est-à-dire de 10,000,000 de mètres cubes d'eau pour 200 hectares, ait surélevé la nappe qui se trouve au-dessous du filtre au travers duquel on fait passer cette énorme quantité de liquide?

Le rapport constate que les ingénieurs de la Ville n'ont pas accepté cette conclusion et que M. Belgrand a déclaré qu'il pensait que l'abondance des pluies est la cause prédominante de l'exhaussement du plan d'eau. Mais cette prétendue abondance des pluies en 1876 n'a pas été localisée dans la presqu'île de Gennevilliers, et la surélévation des nappes souterraines aurait dû se produire dans tous les environs de Paris; ce qui n'a pas eu lieu.

D'ailleurs, la commission a été forcée de reconnaître que « les irrigations ne peuvent pas être sans influence sur » le plan d'eau. » (P. 51.)

Elle admet trois causes à la surélévation de ce plan d'eau : le barrage, les pluies et les irrigations.

Il eût semblé qu'une commission, nommée pour approfondir la question, aurait dû chercher à faire la part de chacune de ces trois causes. Mais, non.

Voici ce que dit le rapport à cet égard :

« La commission n'a pas essayé de déterminer la part » de chacune (de ces causes) dans le résultat général. »

Pourquoi ne l'a-t-elle pas essayé? Serait-ce par crainte de trouver que la plus grande part devrait être attribuée aux irrigations? Une constatation de ce genre aurait démontré que le système du projet offre des inconvénients, que les ingénieurs ne peuvent pas se résigner à admettre.

Si la commission n'a pas voulu faire la part de chacune des trois causes qui, suivant elle, ont amené la surélévation de la nappe souterraine, qu'a-t-elle constaté, en fait?

Nous citons le rapport :

« Actuellement, la nappe est surélevée..., et, il est
» certain que l'état actuel, s'il n'est pas normal, est au
» moins un accident qui devra se représenter souvent.
» Dans de pareilles conditions, l'épuration des eaux d'égout
» n'est plus assurée. » (P. 51.)

Quels sont les inconvénients de cette surélévation de
la nappe souterraine ? Les voici d'après le rapport : « En
» plusieurs endroits de la presqu'île, là où il y a, soit des
» dépressions de terrain, soit des fossés, *l'eau, inondant la*
» *surface du sol, forme des marécages.* » (P. 47.)

Et ce sont ces marécages qui engendrent les fièvres
paludéennes dont souffre Gennevilliers. Et, on n'arrose
encore aujourd'hui que 200 hectares !

Pour remédier à cet état marécageux, qui est la conséquence de l'exhaussement du plan d'eau, les ingénieurs
proposent un moyen : c'est d'établir un vaste drainage
sous les terrains qu'on arroserait. La commission insiste
beaucoup pour le drainage. C'est le seul procédé qui lui
paraisse capable de combattre l'insalubrité, résultat de
l'état marécageux produit par les irrigations.

Mais le drainage pourra produire un grave inconvénient
que la commission n'a pas dissimulé. Les drains devront
nécessairement rejeter dans la Seine les eaux qu'ils re-
cevront. Or, il pourra arriver que les drains conduiront
à la Seine, sans qu'elles soient épurées, les eaux d'égout
versées à la surface du sol.

« Il y a, dit le rapport, un inconvénient qui pourra se
» produire... : Si l'épandage des eaux n'est pas assez ré-
» gulier, s'il dépasse par moments la dose convenue, il
» pourra se faire que l'eau gagne les drains sans être ab-
» solument épurée.... Le dommage serait tout entier
» pour la Seine, qui recevrait des eaux incomplétement
» purifiées, dommage qu'il faudrait éviter avec le plus
» grand soin. »

Mais s'il en est ainsi, le projet ne vaut absolument rien.

Voyez : on propose un système qui rapproche la nappe d'eau de la surface du sol, ce qui entraîne la formation d'un état marécageux ; un système qui amène, par son application, l'invasion des fièvres paludéennes. Ce système a pour but d'épurer les eaux d'égout et d'assainir la Seine à laquelle ces eaux ne retourneront que purifiées. Mais ce système présente de graves inconvénients. Pour y remédier, à quel moyen recourra-t-on ? Pour empêcher l'élévation de la nappe d'eau, pour combattre la formation des marécages, pour s'opposer à l'invasion des fièvres, on drainera les terres. Oui, mais par le drainage, on renverra les eaux dans la Seine sans qu'elles soient épurées Alors la Seine ne sera pas assainie.

Le but du projet est donc manqué et l'on tourne dans un cercle vicieux.

Le système des ingénieurs du service municipal de Paris est essentiellement défectueux. Il a produit, à Gennevilliers, sous le rapport de la salubrité, de désastreux effets. Plus on l'appliquerait en grand, plus il menacerait la salubrité et la santé publique.

Quel est d'ailleurs le principe de ce système ? Il consisterait, de la part de la Ville de Paris, à rejeter ses immondices sur le voisin. La Ville de Paris est embarrassée de ses eaux d'égouts. Le moyen le plus simple et le moins coûteux serait de les déverser sur les terroirs de certaines communes avoisinantes. Un pareil procédé est digne de la barbarie du moyen âge. Il ne fallait pas de grands efforts d'imagination pour trouver ce moyen. Seulement, il faut persuader aux habitants des communes où l'on va porter l'insalubrité et la fièvre, que les eaux d'égout les enrichiront à raison de leurs principes fertilisants et qu'ils ne souffriront d'ailleurs d'aucun inconvénient appréciable. C'est le but que les ingénieurs poursuivent.

Mais, malheureusement pour leur système, les esssais faits à Gennevilliers sont venus démontrer ce que M. Lauth avait expliqué dans un travail remarquable, c'est que le système d'irrigation préconisé par le service municipal amènerait, comme conséquence forcée, la formation de marécages dans les environs de Paris, ainsi que le cortége des maladies qui existent dans les contrées marécageuses.

Il nous reste à examiner le projet sous le rapport des cultures et du sol des terrains à arroser, et à comparer les opinions de M. Lauth à celles de la commission.

III

(Extrait de la Gazette des Tribunaux du 16 février 1877.)

Nous avons établi que le rapport de la commission d'enquête, nommée par M. le préfet de la Seine, constatait que les irrigations, essayés dans la plaine de Gennevilliers, avaient eu pour résultat : 1º de surélever la nappe d'eau souterraine, c'est-à-dire de la rapprocher de la surface du sol; 2º de produire un certain développement des fièvres paludéennes.

Ces constatations devraient, à elles seules, suffire pour faire condamner le système d'irrigation proposé par le service municipal de la Ville de Paris.

Mais si on veut pénétrer plus profondément dans l'étude de la question, on trouvera que tous les avantages qui, suivant les ingénieurs, devraient résulter de l'application de leur système, sont extrêmement problématiques.

Ce système repose sur cette idée que la végétation des plantes cultivées sur les terrains irrigués, doit absorber les matières insalubres contenues en suspension ou en dissolution dans les eaux des égouts. Il est certain que les plantes absorbent les principes fertilisants que renferment les engrais.

Mais le pouvoir d'absorption de la végétation est limité. Et, d'ailleurs, les racines de toutes les plantes ne se nourrissent pas de même.

Les égouts de la Ville de Paris débitent, en toute saison, une quantité de liquide qui actuellement est, par jour, en moyenne, de 300,000 mètres cubes.

C'est de ces 300,000 mètres cubes d'eaux vannes qu'il faut que la Ville de Paris se débarrasse chaque jour.

Les ingénieurs ont calculé qu'un hectare de terrain cultivé pouvait, dans le cours d'une année, recevoir sur sa surface, à titre d'irrigation, 50,000 mètres cubes d'eau. D'après ce principe posé par eux, ils avaient établi une équation ; le résultat en était que, pour les 100 millions de cubes d'eaux vannes débités par les égouts, il leur fallait une surface à irriguer de 2,000 hectares.

Mais quelle est la culture qui pourrait supporter un déversement annuel de 50,000 mètres cubes d'eau par hectare ? Quelles sont les plantes dont les racines auraient le merveilleux pouvoir d'absorber et de purifier les principes insalubres contenus dans de telles masses d'eau ? Comme l'a dit avec grande raison M. Lauth à la séance du conseil municipal de Paris du 15 novembre 1875, en présentant son contre-projet, on peut tirer parti des eaux d'égout pour la culture, « mais à la condition *de faire de* » *l'irrigation, et non de l'inondation, ce qui est bien diffé-* » *rent.* »

Répandre sur un hectare de terre 50,000 mètres cubes d'eau par an, c'est l'inonder et non l'arroser.

Si, exceptionnellement, certaines plantes peuvent supporter une telle quantité d'eau, si elles peuvent en absorber les principes délétères, ce sont des cas qu'il ne

faut pas prendre pour point de départ d'un raisonnement,
car on s'exposerait ensuite, dans la pratique, à de sérieux
mécomptes.

Le projet n'envisage que la culture maraîchère ; mais
si cette culture a besoin de beaucoup plus d'eau que les
autres, elle ne pourrait pas cependant supporter un dosage
de 50,000 mètres cubes d'eau par hectare. Les ingénieurs
du service municipal de Paris avaient, dans le principe,
affirmé que ce dosage n'était pas exagéré. L'un d'eux,
M Durand Claye, avait été jusqu'à dire, en 1875, que la
dose de 50,000 mètres cubes pourrait, dans certains terrains perméables, être presque doublée.

Aujourd'hui on paraît reconnaître qu'il y avait exagé-
ration dans ces quantités. On diminue des deux tiers les
données sur lesquelles on avait établi le premier calcul.
Et alors pour utiliser les 100 millions de mètres cubes
des égouts, on demande non plus 2,000, mais 6,000 hectares.

L'équation primitive des ingénieurs était donc mal
posée.

Qui pourrait assurer que leur nouvelle formule est plus
exacte ?

Est-ce que 15,000 ou 20,000 mètres cubes d'eau par
an et par hectare ne constituent pas encore une quantité
énorme ?

Parlant de ce que la culture peut utiliser d'eaux vannes
par hectare, M. Lauth s'exprime ainsi :

« Tous les agriculteurs anglais et italiens qui se sont
» occupés de la question des irrigations, sont unanimes
» pour admettre une quantité d'eau bien inférieure à celle
» de 50,000 mètres cubes. Il est évident d'ailleurs, que
» si telle culture peut absorber cette dose énorme, elle
» ne l'absorbera pas d'une manière constante, pendant
» toute l'année, l'été comme l'hiver, et que, d'autre part,

» certaines cultures auront besoin de doses infiniment
» moindres.....

» L'un des hommes les plus compétents en cette ma-
» tière, M. Ronna dit : « *Ces doses* (de 50,000 mètres cu-
» bes) *à l'hectare sont dix et vingt fois supérieures à celles*
» *que les récoltes réclament.* »

Il y a des conditions dont la végétation ne peut
pas s'accommoder ; c'est notamment du déversement
quotidien et normal sur le sol d'une quantité d'eau tou-
jours égale, en toute saison. Cependant il faut que les
égouts se débarrassent tous les jours de leurs eaux. Si on
emploie ces eaux à des irrigations, il faudra que les cultures reçoivent tous les jours la même quantité d'eau. Il
n'y a que des cultures très-restreintes qui puissent subir
un pareil régime. Et encore, pendant les saisons plu-
vieuses, il y a beaucoup de plantes qui ne pourraient pas
supporter d'abondantes irrigations venant s'ajouter aux
eaux des pluies.

La culture maraîchère emploie beaucoup d'eau, c'est
vrai, mais cette culture ne suffirait pas pour absorber
toutes les eaux des égouts de Paris. Les ingénieurs l'ont
compris ; aussi ont-ils cherché à établir que ces eaux
pourraient aussi servir pour la grande culture. Et le
rapport de la commission dit que « l'eau d'égout con-
» vient sous les doses différentes, à toutes les plantes de
» la grande et de la petite culture. » La commission parle
des pommes de terre, des céréales et des prairies.

Il n'est pas besoin d'avoir fait des études approfondies
en agriculture, pour savoir que les terrains humides ne
conviennent pas à la pomme de terre, qui demande au contraire à être plantée dans des terrains secs et sablonneux.

Quant aux céréales, elles ne s'accomoderaient nulle-
ment d'une irrigation quotidienne et continue. On pour-

rait répandre de l'eau d'égout sur les terres avant l'emblavement, mais l'hiver on noierait les seigles et les blés en les arrosant tous les jours. En outre, tout le monde sait que lorsque les céréales commencent à monter, l'humidité leur est nuisible. Au printemps et pendant l'été, quand il pleut trop souvent et que la terre est détrempée, les racines des plantes céréales n'ont plus de consistance; et le moindre vent fait verser les seigles et les blés.

Il ne faut donc pas songer à soumettre les pommes de terre et les céréales à des irrigations régulières.

Il ne restera pour venir au secours du service municipal de Paris que la culture potagère: et encore on peut être sûr que cette culture n'emploierait pas les énormes quantités d'eau qu'on voudrait lui imposer pour chacun de ses hectares.

Aussi, comme le fait très-bien remarquer M. Lauth, « il » n'est pas certain que les cultivateurs emploieraient une » quantité bien importante » des eaux dont la Ville doit chaque jour se défaire.

Que ferait-on du surplus ? Selon le projet des ingénieurs du service municipal de Paris, on déverserait tout ce qui n'aurait pas été absorbé par la culture, sur 1,400 hectares pris dans la forêt de Saint-Germain, qui deviendrait alors, selon l'expression bien caractéristique des mêmes ingénieurs, *un vaste régulateur.*

« La forêt de Saint-Germain, dit M. Lauth, ne sera-» t-elle pas transformée, dans ce cas, en une véritable voi-» rie ? et Bondy, qui a fait le sujet de tant de plaintes et » de réclamations, ne renaîtra-t-il pas sous une nouvelle » forme ? Il serait certainement imprudent d'affirmer le » contraire. »

Et c'est aux portes de Paris, dans une des parties du département de Seine-et-Oise où la population est la plus dense, qu'on s'exposerait à créer une sorte de Marais-Pontin, Paris se trouvant d'ailleurs placé sous le vent d'ouest de ce nouveau marécage.

Un des grands arguments des ingénieurs, à l'appui de leur projet, c'est que les terrains de Gennevilliers et ceux de la forêt de Saint-Germain leur paraissent avoir de précieuses qualités pour l'absorption des liquides. Ce sont des terrains sablonneux, excellents comme filtre. Mais les ingénieurs pourraient-ils affirmer que ces terrains ne seront pas, au bout d'un certain temps, modifiés par le régime auquel ils proposent de les soumettre? Les eaux vannes qu'on leur ferait absorber chaque jour contiennent en suspension et en dissolution une foule de substances et de matières diverses qui, en s'incorporant au terrain, en changeraient certainement la composition primitive. Ce n'est pas une expérience, datant en réalité de 1873 seulement pour Gennevilliers, qui peut permettre aux ingénieurs d'affirmer que la nature des terrains ne sera pas modifiée par des irrigations prolongées, faites avec les eaux des égouts.

On prétend que les terrains de Gennevilliers ne sont pas encrassés, et que, comme filtres, ils fonctionnent aussi bien qu'au premier jour. C'est de la couche de terrain, située entre la surface du sol et la nappe d'eau souterraine, que l'on parle ainsi. Mais ce qu'il y a de probable, c'est que dans la partie inférieure, dans les terres qui se trouvent au-dessous de la nappe d'eau, une modification s'est sans doute produite déjà. C'est peut-être à cette modification de la composition chimique du tréfonds que l'on doit la surélévation de la nappe souterraine.

Est-ce qu'il est inadmissible de supposer que le terrain de la forêt de Saint-Germain pourrait à la longue se transformer sous l'action des irrigations à haute dose, et perdre ses facultés d'absorption que l'on vante tant aujourd'hui ?

La Ville de Paris aurait fait alors des dépenses en pure perte, et elle n'aurait obtenu qu'un résultat, celui de porter l'insalubrité et la maladie dans les contrées jusqu'ici heureuses et saines.

Il faudrait bien alors adopter la seule solution raisonnable, c'est-à-dire se décider à conduire jusqu'à la mer les eaux des égouts collecteurs. M. Passedoit, ingénieur civil, a présenté un projet très-savamment étudié, qui consisterait à conduire, par un canal, ces eaux jusqu'à Quillebeuf. Ce projet nous paraît de nature à être pris en très-sérieuse considération. On pourrait utiliser les qualités fertilisantes des eaux d'égout dans les terrains conquis sur la mer, par les travaux de la Basse-Seine, et on le ferait sans danger pour la salubrité, car ces terrains ne sont pas peuplés comme les communes des environs de Paris.

Il vaudrait certes mieux entreprendre tout de suite ce canal jusqu'à la mer, plutôt que de dépenser inutilement des sommes importantes pour l'essai d'un système qui ne peut être qu'un palliatif insuffisant et inefficace.

Ce canal jusqu'à la mer coûterait, dit-on, une grosse somme : 100 millions, peut-être. C'est possible.

Mais la Ville de Paris ne recule pas, pour ses embellissements, devant des dépenses de beaucoup plus considérables. Et elle hésiterait à faire une dépense aussi utile que celle qui aurait pour résultat de la débarrasser de ses eaux d'égout, sans nuire à personne. Aucun emprunt n'aurait été plus justifié que celui qui aurait pour but l'exécution du canal dont nous parlons.

Il faudra certainement un jour en arriver là. Mieux vaudrait prendre tout de suite une résolution énergique.

La Ville de Paris a trouvé qu'elle faisait bien de contracter un gros emprunt pour niveler la Butte des Moulins et pour ouvrir l'avenue de l'Opéra. Elle fera mieux encore en employant son crédit pour entreprendre un grand et beau travail qui assurerait sa salubrité sans compromettre celle des contrées environnantes.

IV

(Extrait de la Gazette des Tribunaux du 13 mars 1877)

—

LA LOI DU 10 AOUT 1871

Le projet de la Ville de Paris, relativement au déversement des eaux d'égout sur les territoires de plusieurs communes du département de Seine-et-Oise et sur celui de la forêt de Saint-Germain, ne nous paraît pas avoir été soumis à toutes les formalités prévues par les lois administratives.

En examinant les trois volumes que l administration municipale vient de publier sur le projet dont nous parlons, on peut remarquer qu'outre l'égout collecteur des eaux de la Ville, qui aboutit dans la Seine à Clichy, il y a un égout collecteur qui aboutit à Saint-Denis. Ce dernier, dans la publication qui vient d'être faite, est qualifié d'égout départemental, et c'est sous ce titre qu'il figure sur les plans. Il doit amener à la Seine les eaux de Bondy et celles des communes qn'il traversera.

Comme l'égout de Clichy, il arrive en face de la presqu'île de Gennevilliers. Il est certain que les intentions des ingénieurs ne doivent pas être, lorsque cet égout sera construit, d'en faire déverser les eaux dans la Seine. Il serait, en effet, inutile de faire des travaux importants pour empêcher les eaux de l'égout municipal de Clichy de couler dans le fleuve, si les eaux de l'égout départemental de Saint-Denis devaient s'y répandre. Les eaux de ce dernier égout y produiraient la même infection que celle à laquelle on veut remédier aujourd'hui.

On appliquera donc incontestablement aux eaux de l'égout départemental le même système que celui qu'on veut employer aujourd'hui pour débarrasser la Seine des eaux du collecteur de Clichy. C'est-à-dire, que l'on fera passer les eaux du collecteur de Saint-Denis dans la presqu'île de Gennevilliers, qu'on les conduira dans la canalisation qui y aura été établie, et qu'on les enverra ensuite dans le département de Seine-et-Oise.

L'examen des publications de la Ville de Paris ne peut laisser aucun doute à cet égard.

Cela étant, l'enquête qui a été ouverte à la fin de l'année dernière n'a pas été complète. Dans le projet déposé, il n'a été question que des eaux de Paris, et l'attention des populations intéressées n'a pas été appelée sur l'envoi, dans les communes menacées, des eaux du collecteur départemental.

Si ce fait, d'une importance capitale, eût été révélé par l'enquête, il n'est pas douteux que les représentants légaux des habitants de Seine-et-Oise auraient réclamé l'application de l'article 90 de la loi du 19 août 1871 sur les conseils généraux.

Cet article 90 dispose que « les questions d'intérêt « commun (entre deux ou plusieurs départements), seront « débattues dans des conférences, où chaque conseil

« général sera représenté, soit par sa commission dépar-
« tementale, soit par une commission spéciale nommée à
« cet effet. »

Nous croyons savoir que la commission désignée par
M. le préfet de Seine-et-Oise pour donner son avis sur les
résultats de l'enquête ouverte à Versailles, avait, au cours
de ses travaux, demandé l'application de cet article 90.

Mais la Ville de Paris s'y est opposée, par le motif
qu'il s'agissait d'un projet qui concernait la Ville et non
le département de la Seine. Ce projet ne soulevait pas,
suivant elle, une question d'intérêt commun entre deux
départements. Le département de Seine-et-Oise ne se
trouvait pas en présence du département de la Seine,
mais en présence d'une commune isolée. Il n'y avait
donc pas lieu à ouvrir les conférences prévues et pres-
crites par la loi du 10 août 1871.

Cette interprétation de la loi de 1871 était-elle bien
exacte? C'est ce qu'on pourrait, ce nous semble, contes-
ter; car, lorsqu'une commune conçoit un projet qui
doit rejaillir sur le département voisin, la question sou-
levée intéresse les deux départements. Ils ne se trouvent
pas engagés, c'est possible, comme deux personnes
morales ou civiles; mais la loi de 1871 n'a-t-elle prescrit
les conférences entre conseils généraux qu'au cas où les
départements agiraient l'un envers l'autre comme personnes morales? ou, au contraire, n'a-t-elle pas eu des
visées plus larges? N'a-t-elle pas entendu prescrire les
conférences toutes les fois qu'il s'agirait de travaux entrepris dans un département, même par une commune
seule, mais devant réagir sur un autre département?
Pour nous, nous n'hésitons pas à penser qu'on doit
interpréter ainsi la loi de 1871; car cette interprétation
est beaucoup plus libérale que celle que présentait la
Ville de Paris.

Mais la question que nous posons est tout autre. Nous signalons ce fait important : C'est que, outre les travaux entrepris par la Ville pour se débarrasser des eaux du collecteur de Clichy, il y a aussi des travaux qui concernent le département de la Seine ; et que les eaux vannes, qui, d'après le projet des ingénieurs de la Ville de Paris, devraient être envoyées dans des communes de Seine-et-Oise, ne seraient pas seulement des eaux municipales, mais des eaux départementales.

Il y avait donc incontestablement lieu à ouvrir, entre les commissions des conseils généraux des deux départements, des conférences, selon le mode prévu par la loi du 10 août 1871. Il convient même d'ajouter que rien ne pourra être régulièrement fait tant que ces conférences n'auront pas été organisées. Les communes, et même les particuliers intéressés auraient, en effet, le droit d'attaquer, par la voie contentieuse, l'acte administratif qui approuverait le projet, tant que la formalité des conférences, ordonnées par la loi de 1871, n'aurait pas été accomplie.

L'exécution de l'article 90 de cette loi permettrait au conseil général de Seine-et-Oise de prendre d'une manière efficace la défense des intérêts des habitants du département, et la publication des procès-verbaux des conférences fournirait sans doute de précieux renseignements à l'autorité administrative supérieure et aux parties intéressées.

FIN.

IMPRIMERIE CENTRALE DES CHEMINS DE FER. — A. CHAIX ET Cie,
RUE BERGÈRE, 20, A PARIS. — 4346-7

IMPRIMERIE CENTRALE DES CHEMINS DE FER. — A. CHAIX ET Cie,
RUE BERGÈRE, 20, A PARIS. — 4348-7.